Ladiba Gondeu

L'entrevague de la démocrature

Ladiba Gondeu

L'entrevague de la démocrature

Éditions Muse

Imprint

Cover image: www.ingimage.com

Publisher:
Éditions Muse
is a trademark of
Dodo Books Indian Ocean Ltd., member of the OmniScriptum S.R.L Publishing group
str. A.Russo 15, of. 61, Chisinau-2068, Republic of Moldova Europe
Printed at: see last page
ISBN: 978-3-639-63726-7

L'entrevague de la Démocrature

GONDEU Ladiba

SOMMAIRE

PERSONNAGES PAR ORDRE D'ENTRÉE

Le fou, Metteur en scène, Jeune 1, Jeune 2, Fille, Président, Conseiller 1, Conseiller 2, Client 1, Client 2, client 3, Femme, Commissaire, Policier 1, Policier 2, Secrétaire du FCD, Représentant des ADH, Président du PPT, Garçon 1, Garçon 2. Fille 2.

CHAPITRE 1 : FORCE DES CONVICTIONS ET LES ENTREVAGUES DE LA DEMONCRATURE

Il fait nuit. Une personne entre sur scène. C'est un fou. Il court un moment puis s'arrête et déclame.

Le fou : oui petits frères.
Permettez que je vous appelle ainsi, petits frères
Permettez que je vous narre cette histoire
Une histoire d'un homme, histoire d'un monde
Histoire de la liberté que chérissent vos cœurs
Oui petits frères
Permettez que je vous dise cette histoire
Pour vous transmettre ce fardeau
Dont un jour un vieillard rencontré au hasard d'une soirée
Chargea mon âme
Oui petits frères
Permettez que je vous abatte les oreilles
Avec cette histoire qui nous renvoie
A nos propres fantômes
– dents hideuses, yeux vidés,
sourires narquois de crânes blanchis
Permettez que je vous montre cet homme
Qu'un jour, m'a-t-il dit, s'est mis à rêver
Tout haut un monde meilleur pour tous
Il réclamait pour tous la liberté, l'égalité et la fraternité
Il parlait de droits
Droits pour moi, pour toi, pour eux, pour nous
Droits pour tous les humains
Il disait qu'on était tous appelés à la liberté
Et que nous sommes tous nés égaux
Et que notre fraternité n'a d'égal que le respect
Que nous devons témoigner à la vie
Oui petits frères
Permettez que je vous parle de ce prophète de la fraternité

Qui a été abattu, m'a-t-il dit, lâchement une nuit
Alors qu'il rêvait dans nos rues
Abattu tel un chien errant par une balle infâme
D'un qui nous voulait tous mourir.
Oui petits frères.
Permettez que je vous révèle son nom
Afin que vous vous en souveniez,
Afin que par vous il existe à jamais
Comme il existe moi depuis le jour
Où ce vieillard rencontré au hasard d'une soirée
En a chargé ma frêle conscience pour toujours
Oui petits frères
Promettez que vous redirez à tous les âges : BEHIDI !
Promettez que vous perpétrerez son héritage, BEHIDI !
Promettez que vous ne le tuerez pas pour la deuxième fois
En le laissant mourir dans l'oubli BEHIDI !
Promettez que jamais vous ne cesserez de rêver
Un avenir meilleur pour notre peuple BEHIDI !
BEHDI, voilà petits frères notre voie !
BEHIDI, voilà petits frères notre engagement !
BEHIDI, debout en nos cœurs !
BEHIDI, vivant pour toujours en notre peuple !
BEHIDI, debout, vivant par nous !

A la fin de cette déclamation, arrive le metteur en scène. Sa venue fait fuir le fou. Le metteur marche le long de la scène. Regarde de temps en temps sa montre. Il se met à courir avec des grands gestes et en chantant. Puis s'arrête essoufflé.

Metteur en scène : Chut ! Déjà vingt minutes qu'il est en retard...Qu'est-ce qu'il fait donc ! Pourtant, il m'a assuré qu'il sera à l'heure. *Il se remet en marche, tête baissée, de plus en plus vite.* C'est une idée géniale qu'il a eue là ; une idée qu'il fallait absolument essayer avant la répétition générale, et voilà qu'il ne vient même pas. Ah chiotte ! C'est quoi avec vous les noirs ! *Il s'arrête. Pensif.* Avec ça, vous espérez vous émanciper du reste du monde. Que de conneries : le temps, c'est de l'argent, allez y comprendre quelque chose. *De plus en plus nerveux*. Rien à faire, ces gens-là, ils ne respectent jamais le temps. C'est dans leurs gênes à ce qui paraît. Ils ont une relation génétique avec le temps et parviennent même à le contorsionner à leur rythme interne. *Il marche à nouveau et rit avec* éclats. Les noirs, ils sont bizarres. Ils ne respectent pas le temps et ils se laissent toujours surprendre par lui. Traitez-moi de raciste si vous voulez. Néanmoins, c'est la triste vérité. D'ailleurs, leurs dirigeants ont compris cela au point qu'ils habitent le temps, le réduisent ou l'élargissent au gré des enjeux politiques. Le temps électoral par exemple est ainsi géré selon les circonstances et les humeurs du chef. Une constitution peut être modifiée, une élection reportée ou avancée. Car tout est question du temps présidentiel. *Lorsqu'il s'apprête à courir, entre un jeune tout en sueur.*

Jeune : bonjour, chef ! Je m'excuse pour le retard.

Metteur en scène : tiens ! Jeune homme, te voilà enfin. Ne t'en fais pas pour le retard. L'essentiel c'est d'être venu. Il lui tend la main. Tu as pu mémoriser ta partie ?

Jeune : oui, parfaitement.

Metteur en scène : très bien. Repose-toi un peu. Oui, jeune homme, repose-toi, prends du souffle et concentre-toi. Ne te laisse pas distraire par le bruit extérieur. L'important c'est toi et toi seul. Réfléchis à ce que tu vas dire. Ton rôle doit t'habiter. Essaie de puiser au fond de toi comme on puise dans un puits profond. *Il s'assoit imité par le jeune qui joint le geste à la parole*. Puise, puise, encore, encore puise. Sans te préoccuper de ceux qui t'entourent, de leurs regards qui tuent. Puise et prends ton temps pour ne plus avoir besoin de revenir puiser l'eau de ce puits. Respire, respire, encore, encore respire. En jetant au dehors toutes les passions qui t'habitent. Vide-toi de toi-même pour n'être que le personnage que tu dois incarner. Compris ?

Jeune : oui, parfaitement.

Metteur en scène : Il se relève. Bon on va devoir commencer. Le jeune homme se met debout à son tour. Surtout n'oublie pas : il faut ar-ti-cu-ler ton tex-te. Par-le dis-tinc-te-ment. C'est très important pour l'auditoire.

Jeune : d'accord, j'essaierai.

Metteur en scène : voici la limite de la scène. *Il trace.* Maintenant, tu peux y aller. Mets-toi dans la peau du personnage.

Jeune monte sur scène. Prend du souffle.

Jeune : Cette nuit-là, nuit de libération, me dit-on - mais j'ai ma tête pour penser, merci. Cette nuit donc, malgré le temps qui sépare, me laisse à la gorge un arrière-goût d'un fruit pourri avalé précipitamment. Cette nuit donc, en jetant un coup d'œil limpide sir les années…

Metteur en scène : stop ! Attention à la diction mon grand. C'est « sur » les années et non « sir » les années. Allez, on reprend la partie !

Jeune : en jetant un coup d'œil sur les années qui se sont écoulé les unes après les autres avec leur cohorte de peurs, de méfiance, de deuils, de pleurs et de larmes gratuites, un seul mot heurte la porte bouffie de mon esprit. C'est le mot trahison. Oui, trahison ! Trahison d'un peuple qui ne se reconnaît plus. Trahison d'une classe politique habitée par des idéaux assassins. Et puis, ma propre trahison. Car pendant que je dormais, une bourrasque de vent de changement soufflait sur ma ville. Ma ville couverte d'écumes et de cendres. Ma ville investie par une bande de buveurs de sang ayant réussi à nous rendre étrangers les uns les autres. Pendant que tout redevenait normal, nickel, moi, je dormais et je n'ai pas vu venir ce vent qui soufflait dès l'aube sur mon peuple meurtri. Un changement… ce mot sur les lèvres d'un damné a toute sa saveur. Qui aurait cru cela plutôt ! Qui aurait imaginé que le régime de terreur d'hier pourrait être ébranlé ? Qui aurait rêvé que l'administration publique pourrait être envahie par une horde des pillards sans force de résistance ni coup férir ? Pourtant, c'est ce qui s'était passé cette nuit-là. Á mon réveil, des cris hystériques du dehors me parvenaient. Le peuple fourvoyait le dictateur d'hier et acclamait son nouveau maître.

Metteur en scène : très bien garçon ! Concentre-toi ! Tu as des choses à dire ; force ton public à te suivre. Persuade-le. Parle-lui des baves de ton âme pour le forcer à voir les siennes.

Jeune : pour mon peuple, cette nuit-là, l'enfer était parti ; le paradis s'annonçait. L'enfer était parti…On dansait en chantant :

Le seigneur du désert est arrivé.

Nous allons enfin trouver du travail.

Nous allons enfin manger à notre faim.

Nous allons boire à la lie.

Et manger à satiété.

Nous sommes sauvés !

Sauvés pour toujours !

Metteur en scène : La suite de cette phrase, essaie de la dire face au public. En le prenant en quelque sorte à témoin. Car le public est là. Il faut qu'il participe à ton jeu. Il y participera volontiers si tu l'y invites.

Jeune : Quel peuple ! En chantant comme cela, il oubliait qu'aucune joie ne pouvait guère effacer les rides de son humiliation ; qu'aucun libérateur ne pourrait lui offrir une vie meilleure sur un plateau d'argent sans sa participation active ! D'ailleurs, en attendant la réalisation de ses promesses de liberté, pour se venger, libérer sa colère longtemps contenue, chacun arrachait à cet État policé tout ce qu'il avait injustement acquis à ses dépens. Et ce qui ne pouvait être pris était systématiquement incendié. Le dégât on s'en foutait, pourvu que la houle qui rongeait le cœur fut apaisé et, elle s'apaisera mieux quand tout ce qui symbolise sa souffrance serait à jamais détruit, anéanti.

Metteur en scène : Très bien. Phrase suivante.

Jeune : ainsi ce vent nouveau qu'on nomme démoncratie est arrivé.

Metteur en scène : attention à ta diction bonhomme. C'est « dé-mo-cra-tie » et non « dé-mon-cra-tie ». Même si ce dernier mot est plus parlant. Très bien. On continue.

Jeune : sans que nous l'espérions, y soyions préparés, la démocratie est venue et a pris place dans notre cœur. Et puis, le seigneur du désert n'y est pas allé avec le dos de la cueilleur en disant qu'elle n'est ni or ni argent mais la liberté ! Comme un paralytique qui croit à son prompt rétablissement, nous nous sommes fortement attachés à cette valeur et elle a fini par faire partie de nous.

Metteur en scène : ah ! Bonhomme, il faut dire à partir de « notre conviction profonde » et la suite face au public. C'est à lui également que tu t'adresses.

Jeune : elle est désormais notre conviction profonde. C'est pourquoi nous la revendiquons à cors et à cris. Nous refusons qu'elle nous soit volée. Oui, nous l'aimons et nous la caressons. Nous attachons du prix à cette valeur et sommes prêts à nous battre pour qu'elle nous survive à jamais.

Metteur en scène : très bien, à partir de ce moment, prends du souffle et parle en regardant au-delà du public. Parle à la colombe qui voltige dans ton esprit. Transmets-lui les fleurs de ton cœur pour qu'elle les emporte le plus loin possible.

Jeune : La démocratie n'est pas une mangue qu'on promet à un enfant boudeur. Elle n'est pas une parole donnée juste pour faire taire un affamé. Elle est un engagement dans la durée. Elle est une exigence d'un changement de mentalité, d'un certain rapport au pouvoir. Elle engage la civilité dans la gestion de la chose publique puisqu'elle requiert une participation citoyenne.

Metteur en scène : Très bien garçon !

Jeune : Alors, pourquoi nous en voulez-vous si nous réclamons plus de fraternité, plus d'union et de dialogue entre fils d'une même nation ? Si nous disons non à l'oppression, à la gabegie, à la démagogie, aux crimes Politiques, intellectuels et économiques ? Si nous disons non à la prostitution du ventre qui nous retarde sur le chemin du progrès et empêche l'éclosion de notre force profonde ? Si nous disons non au griotisme et au silence complice, cette honte de l'espèce humaine ? Pourquoi nous en voulez-vous d'être différents, d'être nous-mêmes, d'être vivants. Que cela vous plaise ou pas : entre les vagues de la démocrature, nous lutterons toujours pour rester nous-mêmes : hommes debout, vivants comme une maison construite sur du silex.

Metteur en scène : très bien, bonhomme ; tu as su dire la chose. Hum ! C'est merveilleux !

Jeune : merci.

Metteur en scène : avant la répétition générale, prenons une pause de quelques minutes. Nous la méritons largement.

Ils sortent. Le fou revient sur scène en déclamant.

Le Fou : Un temps doux. A l'aube d'un printemps

Dans les champs d'une campagne endormie

La terre parfumée d'herbes

Les vertes prairies de rosées habillées

Les chants de cigales, les chants de cygnes,

La tendresse des fleurs

Telle une dame fraîchement tirée du sommeil

Les rayons du soleil imposent à l'esprit le recueillement

Concentration des nuages mais toujours seule obsession

Une vision dantesque des charniers qui gambadent dans l'âme

Comme des vagues houleuses d'une lagune

Une tempête d'horreurs et de morts

Des yeux exorbités, des cris de femmes et d'enfants

Un long tapis d'intestins humains disputé par une horde

Des vautours noirs sortis des entrailles de la terre

Une voix dit : "Je n'ai que paix, tranquillité et bonheur à proposer

Mais les hommes, peureux d'eux-mêmes

Ont choisi se manger dans les cris des armes

Plutôt que d'entendre le silence paisible que procure la vie !"

Un jeune arrive et le fou s'enfuit.

CHAPITRE 2 : LE CHOC DES CONSCIENCES

Le jeune se met à courir et à faire des jeux scéniques. Un autre entre et lui barre la vue.

Jeune 1 : devine qui est là ?

Jeune 2 : je n'ai pas besoin de deviner puisque je sais que c'est toi.

Jeune 1 : petit malin ! *Il le lâche.* Alors ça marche !

Jeune 2 : ça dépend.

Jeune 1 : toujours aussi prudent. Tu peux quand même me dire si tu es satisfait de ton travail...

Jeune 2 : et puis quoi encore. No comment please. N'insiste pas. Comprende ?

Jeune 1 : comme tu veux, petit con !

Jeune 2 : hé ! Attention ! Tu m'injuries une fois de plus et tu es un homme mort. Gaou là.

Jeune 1 : qui est gaou ? Gaou toi-même. *Blagues. Sur ces entre-faits arrive une fille.*

Fille : hé les gars, ça gaze ?

Les jeunes : ouais, ça va

Fille : *au jeune 2.* Et toi, petit emmerdeur, as-tu bien passé ton contrôle ?

Jeune 2 : Ouais ça va. D'où sors-tu comme ça en sueur ?

Fille : ah ! Vous n'êtes pas encore au courant ?

Les jeunes : de quoi ?

Jeune 1 : qu'est-ce qui s'est passé encore sous notre ciel ?

Fille : que le pays a été vendu et le peuple réduit à l'esclavage comme au bon vieux temps...

Jeune 2 : enfin, voilà une bonne nouvelle sur ce coin pourri du monde ! J'espère, au moins, que c'est vendu aux Etats-Unis d'Amérique ?

Jeune 1 : et pourquoi pas à la France ?

Jeune 2 : non, pas la France. Trop d'histoires nous lient à elle. De bonnes mais surtout de moins bonnes. Pour une fois qu'on a la chance de changer de tutelle...

Jeune 1 : arrêtons le sottisier, de peur qu'il exagère. Toi, dis-nous ce qui ne va pas et dont nous sommes supposés être au courant.

Fille : je parle de la composition au sommet de l'État

Jeune 1 : explique. Nous t'écoutons.

Fille : bien, depuis quelques temps, les rumeurs courraient faisant échos de possibles ralliements de certains partis Politiques au régime illégitime qui nous humilie. Eh bien, c'est aujourd'hui chose faite. Je détiens ici un communiqué non encore officiel. *Fouillant son sac.*

Jeune 2 : toujours aussi fouineuse. Où es-tu partie dénicher ça encore !

Fille : de sources sûres. Tenez.

Jeune 1 : prend le communiqué en le parcourant rapidement. Ecoutez-moi ces bêtises. Ces politichiens n'ont-ils pas honte de présenter ainsi la situation ?

Jeune 2 : que veux-tu mon pote ! La politique, c'est l'art de mentir, dit-on.

Fille : pour une fois, tu dis de choses sensées. Je dirais même plus, la politique, c'est l'art de corrompre la foule.

Jeune 1 : d'accord mais pas de cette façon.

Jeune 2 : c'est ça, cause toujours.

Jeune 1 : c'est trop flagrant, cynique, odieux…

Fille : et puis quoi encore ?

Jeune 1 : voyons les gars, écoutez-moi ça, par exemple : « c'est au nom de vous tous que nous prenons solennellement la responsabilité historique d'entrer au gouvernement. Nous connaissons vos souffrances ; nous voyons et vivons combien vos cœurs chérissent la paix, l'amour, la concorde nationale. Et c'est encore une fois au nom de cet idéal qui vous est cher, dans le souci ultime de mettre fin à vos malheurs en préservant l'unité, la cohésion entre les fils et les filles de notre chère nation, que nous acceptons aujourd'hui, à notre corps défendant, guidés par notre ferme engagement à vous servir, de coprésider à votre destinée. Vive le peuple ! Vive la patrie ! ». *A la fin de cette lecture, les autres battent les mains en criant.*

Jeune 2 : voilà un bel exemple du discours politique. Plein de démagogie et de sous-entendus.

Fille : balivernes que tout cela. Croient-ils nous aider vraiment en nous trahissant de la sorte. En tuant ce que le peuple a de fierté, de dignité, d'espoir.

Jeune 2 : eh oui ! Encore une fois, nos politichiens viennent de couper la tête à notre peuple. Désormais, il n'a plus personne à qui s'identifier. Du moins quelqu'un qui incarne sa soif de justice.

Jeune 1 : oui, nous avions des leaders qui défendaient des causes nobles : la liberté et l'expression souveraine de notre peuple. Maintenant, notre peuple est abandonné, déchiré, traumatisé, trahi.

Jeune 2 : oh les gars ! Arrêtez de pleurnichez là. Le pays va mal et ce n'est pas vos larmes qui le sauveraient.

Fille : mais écoute un peu toi petit morveux : en servant de pivot à ce régime pseudo-démocratique qui nous vole, viole, affame et tue, ces partis et tous les intellectuels qui le soutiennent nous font entendre clairement ce refrain...

Jeune 2 : « continuez à périr ; continuez à mourir ; continuez à lutter. Nous, nous sommes trop faibles pour souffrir ».

Fille : très exactement. Et j'avoue que j'en ai honte surtout des rôles des intellectuels dans ce pays...

Jeune 2 : ah garce ! Laisse-moi donc respirer. Quels intellectuels avez-vous dans ce pays ? Des intellectuels noyés dans une mare d'analphabètes qui ont la réalité du pouvoir... Tous des morts vivants, des délinquants séniles qu'il faut désormais appeler ainsi. Et alors, où est le problème ?

Fille : tu ne comprends donc rien à rien, ma parole !

Jeune 2 : n'oublie pas que chaque peuple a le gouvernement qu'il mérite. Avant de vous suffoquer sur nos politichiens, demandez-vous si ce peuple mérite que quelqu'un lutte pour lui...

Jeune 1 : écoute petit, à bas ton cynisme. Notre peuple souffre. La jeunesse est sacrifiée.

Jeune 2 : toujours la même litanie de nos maux. J'en ai marre moi !

Jeune 1 : *excédé*. D'accord. C'est la même litanie parce que personne ne veut la changer. Regardons les hôpitaux : les malades sont-ils bien soignés ? Les foyers conjugaux sont désertés et nos rues sont désormais des dépotoirs qu'envahissent les gamins dépenaillés. Les études, n'en parlons plus : elles nous rendent plus illettrés et plus mendiants que n'ont été nos parents du village...

Jeune 2 : et alors ? À qui la faute ? Le pays va mal on le sait et ce n'est pas vos larmes qui le sauveraient, je le répète. Partout c'est le désastre, le chaos généralisé. Réactions légitimes : guerres tribales, discriminations, ethnocentrisme et même villagisme et frérisme. *Nerveux*. À qui voulez-vous que la faute incombe ? N'est-ce pas à ce peuple geignard qui ne tend la main que pour recevoir et acclamer des discours creux ? Au lieu de vous réveiller et vous mettre à travailler à votre véritable libération, continuez à pleurnicher, bande d'aliénés, sales malades hideux !

Fille : *en haussant la voix.* Eh ! Ça va ! Tu commences déjà à nous chauffer le système avec tes contradictions !

Jeune 2 : *plus calme.* Ouais, je sais. Nul n'est prophète chez soi. Et moi je vous dis que la démocratie c'est avant tout un créneau privilégié des débats, espèce des dictatards. *Rire général.*

Jeune 1 : assez rigolé petit. *Moqueur.* Dictatards ! Pourquoi pas dictatares ou dictatarés pendant qu'on y est !

CHAPITRE 3 : LE PEUPLE, UNE VIANDE DE MEILLEUR CHOIX

Le metteur en scène entre suivi de 6 jeunes.

Metteur en scène : salut les gars !

Tous : salut Maestro !

Metteur en scène : merci à vous tous d'être venu à l'heure. Nous allons commencer. J'espère que chacun maîtrise son texte. Bon, on reprend la scène du début. Les deux conseillers en place. Le président se prépare. Attention à la limite de la scène. Vous êtes dans un salon présidentiel.

Les deux conseillers s'installent. Salutations d'usage. Le président entre une bouteille de whisky et un verre en main. Les conseillers se lèvent et le saluent avec déférence. Le président chante, esquissant un pas de salsa, bois un coup puis éclate de rire. Les conseillers acclament et se rassoient.

Président : chers amis, je ne saurais combien vous remercier pour mon avènement à la tête de notre belle et riche nation. Tous nous devrions nous en réjouir d'avoir gagné. *Acclamations.* Enfin, mon Dieu, ça y est ! Nous voilà libérés de ces diables d'opposants pour un temps. Oh ! Mon Dieu ! Merci, merci beaucoup bon Dieu ! À nous la vie ! *Acclamations.*

Metteur en scène : monsieur le Président, c'est bien. Mais que fais-tu en main avec la bouteille de whisky et le verre ?

Président : pour boire.

Metteur en scène : alors qu'attends-tu pour le faire ? Bois monsieur le Président, bois du bon whisky mon Président. Il n'est pas donné à tout le monde d'y goûter. Bois-le avec élégance. Il sied à ton rang et à ton sang. Oui, il faut boire de bonne chose comme ce whisky. C'est très symbolique. L'alcool et les essences stupéfiantes vont ensemble, semble-t-il, avec le pouvoir. Tu te noies dedans ou tu es noyé. Tu vois mon Président. Bois.

Président : *d'un ton confidentiel, après une rasée de whisky.* Maintenant ces ruminants récalcitrants vont enfin se taire et nous laisser en paix. Oui, la paix. C'est tout ce que j'exige désormais. Entendez-vous ? Vous avez la paix ! *Acclamations.* Je ne tolérerai aucune fausse note là-dessus. Tout opposant qui lèverait le petit doigt aura affaire directement à moi.

Conseiller 1 : oui, Excellence, la paix justement. Il y a 15 ans, lorsque, après 5 années de luttes âpres contre le régime immonde, sanguinaire et indigne de notre peuple, nous avions pris le pouvoir, le peuple était en liesse. Il criait et acclamait : « la paix enfin ! La paix pour la vie ! Nous sommes sauvés. Le pouvoir au peuple, vive la Démocratie ! ».

Conseiller 2 : oui, Excellence, nous étions accueillis en dieux. Enfants et vieillards, femmes et hommes, tous dieux. Enfants et vieillards, femmes et hommes, tous contre la dictature.

Président : et vous savez quoi ? Ces affamés d'opposants, la grande majorité avait pris la clef des champs. *Rire général.* Oui, ils avaient fui, laissant le peuple à son triste sort. Un peu amer. Et comme tout peuple, souvent le nôtre a la mémoire courte, surtout me concernant, je dois dire.

Conseiller 2 : nous avons tout le temps pour lui régler son compte, Excellence. Évoquons plutôt le passé. En effet, à notre arrivée aux affaires, pour donner un cachet particulier à notre lutte, et surtout pour rassurer les alliances tissées dans les maquis et tordre le coup à l'exigence de la communauté civile internationale, nous avons franchi un pas historique en instaurant le multipartisme.

Conseiller 1 : en effet, devant un peuple désemparé, traumatisé, étourdi, victime d'un quart de siècle d'outrages avilissants d'un tyran sans âme, c'était la meilleure chose à faire pour lui redonner confiance en la vie.

Président : *toujours aussi amer.* Sans oublier que nos parrains nous avaient un peu forcé la main quand ils nous ont recommandé de faire revenir au pays ces fuyards sans honneur avec le ventre à la place du cerveau ne valant même pas plus mon verre de whisky. *Rire général et il continue de boire son whisky.*

Conseiller 1 : avec le multipartisme, ces charognes ont commencé par créer des partis, à se regrouper en associations, en Ligues des Droits de l'Homme. Des journaux piètres voient le jour, disant des ragots sur notre compte.

Conseiller 2 : même les mendiants, les mangeurs des reptiles et rongeurs et autres escrocs ont ce Droit de s'exprimer et de dire n'importe quoi ! Quelle injustice à notre patriotisme.

Président : calmez-vous, chers amis. C'est ça la démoncratie. Oh ! Pardon, que dis-je la Démocratie. *Acclamations.*

Conseillers : oui, c'est cela !

Président : *il boit en titubant.* Et comme l'appétit vient en mangeant, ils croyaient tout se permettre. Quels imbéciles ! Non seulement ils exigent être associés à la gestion du pays mais ils osent dénoncer notre manière de procéder, de ramener l'ordre. Pire encore, ils réclament maintenant la transparence. Transparence ? Non seulement la liberté de circuler, de se réunir, d'écrire ne leur suffit plus, ils veulent également avoir un droit de regard sur nos finances.

Conseillers : ah ! Voyez-vous ? Quelle ingratitude ! Voilà comment ils nous remercient...

Président : en effet, comment veulent-ils que je mette dehors ceux des nôtres qui ont affronté 5 ans de chaleur et de nuits froides, des épines et des morsures des bêtes ; ceux qui ont vu leurs amis de lutte, tout leur espoir, leurs frères tombés, écartelés, réduits en cendres sur les champs d'honneur, hein ! *Il boit toujours titubant.*

Conseillers : en chœur. Non ! Jamais ! Jamais !

Conseiller 1 : nous leur avons apporté la Démocratie e sur un plateau d'argent mais eux la veulent sur un plateau d'or !

Président : *faisant un signe de la main pour marquer une étape.* Merci à vous de m'avoir tiré les épines de pieds à chaque fois que cela était nécessaire. De promesses en promesses, nous les avons menés par le bout du nez. Nous avons créé des diversions par l'humiliation et le dénigrement pour pousser certains des nôtres à se rebeller. Ceux qui avaient accepté la négociation ont été généreusement récompensés. Par contre qui avaient refusé l'avaient payé de leur silence éternel. *Acclamation.*

Conseiller 1 : oui, Excellence, nous qui avons quitté volontairement les allées du pouvoir, avons reçu des enveloppes conséquentes pour nous reconvertir dans affaires. Dieu merci, nos affaires prospèrent. Bien entendu sur la compréhension éclairée de votre Excellence. Et nous n'avons pas à nous plaindre.

Conseiller 2 : tous, nous avons des villas cossues, des derniers modèles de véhicules V8, Hummer, Ferrari, et j'en passe. Nos enfants sont dans les meilleures universités du monde, et bientôt ils prendront la relève.

Président : de toute façon, aucun compagnon qui s'était montré compréhensif n'a été lésé. J'y ai veillé personnellement. Oui, chers amis, vous pouvez tout vous vous permettre, vous et vos enfants. *Acclamation.* Et avec votre appui indéfectible, personne ne m'éjectera de la commande.

Conseiller 1 : jamais, votre Excellence. D'ailleurs votre pouvoir vient d'être consolidé par la réélection de son Excellence à la magistrature suprême, au suffrage universellement salué pour un mandat de 10 ans.

Président : et vous savez quoi ? *Étonnement des conseillers.* Chers amis, mon marabout vient de m'informer que j'ai droit encore à trois autres mandats. *Acclamation et cris de joie des conseillers.*

Conseiller 1 : voyons voir, *il sort une machine à calculer de sa poche.* Ça fait 15 ans plus 10, ans 25, plus 5, 30, près d'un demi-siècle de règne. Une éternité de règne. *Il sautille de joie.*

Président : tout joyeux. Confortablement et modestement c'est cela.

Conseiller 2 : je t'avais prévenu mon pote : Dieu a mis la main sur toi pour sortir ce peuple de la misère comme Moïse sortit les siens de l'esclavage chez les grands pharaons. Acclamation. A ta santé, bon Dieu de bon Dieu.

Conseiller 1 : voyez-vous pourquoi il était de notre intérêt à tous que vous remportiez ces élections par tous valant même les moyens ! *Approbation des autres.*

Metteur en scène : on s'arrête là. C'est très bien. Vous avez été impeccables. On joue la scène suivante. Monsieur le Président, tu sors et reviens à ta place. Pendant ce temps le conseiller 2 se prépare. Donc, il faut s'assurer de tout

CHAPITRE 4 : MISE EN SCENE D'UNE RÉPUBLIQUE BANANIERE

Même décor. Le Président entre, l'air préoccupé. Quelqu'un frappe à la porte ;

Président : *à voix basse.* Il ne manquait plus que ça. Pourtant, je crois avoir dit que je ne souhaitais pas être dérangé. *Élevant la voix.* Qui va là ?

La voix : c'est moi, votre conseiller politique, votre Excellence.

Président : qu'est-ce qui ne va pas cher ami ?

La voix : j'ai une communication très importante à transmettre à votre Excellence.

Président : ça ne peut vraiment pas attendre ?

La voix : désolé, votre Excellence, c'est une communication d'une haute urgence.

Président : entrez donc. *Le conseiller 2 fait son entrée.* Révérence. Ah ! Cher ami, nous avons gagné ! Oui, nous avons gagné ! Tu entends ? Gagné ! Gagné !

Conseiller : oui, votre Excellence, nous l'avons et avec une écrasante majorité.

Président : maintenant que nous avons la légitimité de vote, finies les blagues. Ça sera dorénavant la dictature du nombre.

Président : et moi donc ! Jusque-là c'est toi qui m'as guidé à opérer de judicieux choix. Et nos partenaires de l'intérieur comme de l'extérieur reconnaissent les changements que nous avons apportés. Eh oui ! Cher ami, c'est un plébiscite international, une victoire historique que nous devons considérer à sa juste valeur : un chèque à blanc pour toute action future. *Le Président sert à boire au Conseiller.* Prends, bois à ma santé et à l'éternité de notre règne !

Conseiller : amen ! Votre Excellence, pardonnez mon impatience mais je me dois de vous poser cette question : quelle politique comptez-vous adopter ? Je veux dire l'après élection ?

Président : voyons cher ami, nous avons du temps pour examiner ce côté de la chose à tête reposée. D'ailleurs, le temps nous attendra. Nous disposons de mois pour gérer les affaires courantes. Puis, il y a l'investiture, le gouvernement à constituer… tu conviens avec moi que le temps travaille en notre faveur. *Rire du président.* Cher ami, sois donc très patient.

Conseiller : un peu hésitant. Votre Excellence, permettez-moi d'insister. C'est maintenant, à mon humble avis, qu'il faut réfléchir afin d'éviter toute surprise future.

Président : *soupçonneux*. Allons ! Allons cher ami, passe-moi les mélodrames. De quelles surprises s'agit-il ? Nous avons la victoire des urnes, le pouvoir et la force. Nous avons tout ce qui est nécessaire pour faire face à toute crise Sociale et politique éventuelle. Alors quoi ?

Conseiller : *embarrassé*. Votre Excellence, n'en veuillez pas à mon attitude quelque peu rabat-joie...
Président : non seulement rabat-joie mais surtout abat-cœur !

Conseiller : mais mon titre de conseiller politique, je crois, me concède le droit d'être droit avec vous. Et vous savez ma totale loyauté...

Président : tranchant. Abrégeons les salamalecs : qu'est-ce qui se passe dans ta tête de Nègre ?

Conseiller : toujours hésitant. Voilà : il ne sert à rien de vous réjouir si rôt. Car, votre élection est teintée d'énormes irrégularités. Ce qui veut dire que nous possédons la majorité certes mais l'important, je veux dire, notre légitimité populaire ou numérique est nettement faible.

Président : *en colère*. Quoi ? Comment oses-tu me dire de choses pareilles en de telles occasions ! Fils de pute ! Esclave ! *Il donne au conseiller de baffes*. Ah ! Comment as-tu osé ! *Le secouant, puis le regarde dans les yeux et éclate de rire*. Tu as la chance d'être un ami. Un grand ami. Sinon, je te tuais sur le coup. Eh oui ! Et ce ne sera ni la première fois ni la dernière fois. Les crocodiles et hippopotames du fleuve longeant le Palais sont là pour te le confirmer.

Conseiller : oui, votre très Excellence ! Mais je pensais qu'il était de mon devoir de vous prévenir.

Président : et tu as bien fait. Tu as toute ma confiance, maintenant, dis-moi comment tu penses y remédier.

Conseiller : mon cabinet et moi avions largement établi des hypothèses là-dessus. Et voici les conclusions de notre analyse : primo, le plutôt que possible, vous devez adresser un message à la Nation. Tout en insistant sur la portée historique de ces élections pour l'avènement de la culture démocratique irréversible dans notre pays, vous demanderez le calme et la sérénité en mettant en garde quiconque oserait provoquer de soulèvements.

Président : donc prêcher le pardon, la tolérance, la concorde nationale, la fragilité du pays...

Conseiller : très parfaitement. Secundo : vous devez annoncer de façon stratégique que malgré votre écrasante majorité parlementaire confortée par votre très forte légitimité, vous comptez former un gouvernement de large ouverture. Que le parti restera fidèle à sa logique qui est la participation de tous à la gestion de la chose publique.

Président : je vois : cela aura le mérite, d'une part de rassurer l'opinion et, d'autre part, de semer le trouble dans le camp de l'opposition.

Conseiller : exact, votre Excellence. Tertio : pour étouffer d'éventuels soulèvements au sein du peuple qui déjà conteste les résultats en parlant de fraudes massives vous devez composer, peu importe le prix, avec les chefs de partis ayant un nombre important d'élus parlementaires.

Président : ce qui contribuera à les couper de leurs électeurs qui leur retireront désormais la confiance et, avec un peu de largesse, rejoindront à leur tour notre rang.

Conseiller : *fier.* Vous avez tout compris. Voilà résumé, votre Excellence, les fruits de réflexions que vos dévoués serviteurs ont tenues à vous communiquer de toute urgence. Je vous remercie pour vos oreilles paternelles et attentives. Que Dieu guide vos pas sur les chemins du succès d'éternité en éternité ! Inchallah !

Président : pas du tout ! Pas du tout ! C'est à moi de vous remercier. Et j'espère que vous n'en voulez pas de ce que mes doigts ont quelque peu caressé vos solides joues ? *Rires.*

Conseiller : *tâtant ses joues.* Non, pas du tout, votre Excellence, c'est passer comme l'eau sur le dos du canard.

Président : tant mieux, cher ami !

Conseiller : bien, votre Excellence, je prends congé de vous. Une fois de plus, merci.

Président : cher ami, transmettez mes hommages à Madame votre épouse.

Metteur en scène : c'est bien. Vous avez été formidable. Le public appréciera cette scène si vous y mettez un peu de la repartie. Et le conseiller doit un peu se montrer gêné quand le Président lui demandera de transmettre ses hommages. En Afrique, le Président les Dames. Il en emprunte quand ça le chante. Bien. On continue. Maintenant, c'est au tour des buveurs. Allez les gars, montez

CHAPITRE 5 : LA JOIE DES SIMPLES

Autour d'une marmite de bilibili (une boisson locale), les clients discutent. D'abord lentement puis de plus en plus bruyamment.

Client 3 : tes propriétés dis-tu ?

Client 1 : je disais donc que je suis Dr en sciences politiques. Actuellement, je suis au chômage technique. *Rire général.*

Client 3 : n'êtes-vous pas par hasard retraité ?

Client 1 : écoutez, mon frère, quand on ne connaît pas le code du travail, on se tait. Je n'ai pas encore l'âge de a retraite. En tout cas, retiens que je n'ai pas de poste officiel pour de mobile bien entendu. Sinon, quelque fois j'ai la chance d'animer ce genre de conférences dans les cabarets pour former et informer les cadres que vous n'êtes pas. *Rire général.* Et comme vous devez savoir déjà, j'ai eu à servir loyalement tous les régimes qui se sont succédé de façon catastrophique à la tête de notre pays, cela dit entre autres.

Client 4 : et pourquoi aujourd'hui êtes-vous parmi nous ? Pourquoi ne pas continuer à manger avec ce régime-ci ? *Approbations.*

Client 1 : pour mieux vous éduquer en informant objectivement du méli-mélo politique sur votre maudite terre ! *Rire général.* Sans blague. Pour faire plus sérieux : disons, qu'il y a un temps pour trahir et un autre pour se racheter si la chance sourit à nouveau. *Approbation.* Tous les régimes que ce pays a connus ont d'abord servi une famille, un clan, une région au détriment des autres familles, des autres clans et des autres régions.

Client 2 : tout ce discours ne nous dit pas pourquoi tu es là, ici parmi nous et non là-bas avec eux, ces morts vivants du régime ? *Rire général.*

Client 1 : écoutez ! Je suis pour la grandeur de l'esprit. Je croyais à un possible changement de mentalité de nos dirigeants. C'est pourquoi j'ai servi corps et âme tous les régimes qui se sont médiocrement succédé à la tête de ce pays. Hélas! Rien à faire. C'est blanc bonnet, bonnet blanc. Chaque imbécile qui vient fait plus que son prédécesseur. Tous des criminels, des voleurs, des drogués, des dealers et j'en passe ! *Acclamations.*

Client 3 : ne serait-ce pas plutôt la peur qui vous fait agir ainsi ? *Rire général.*

Client 1 : *nerveux.* Contrôle tes mots, petit frère. Il faut tourner mille fois la langue avant de parler.

Client 2 : ah non ! Ce n'est pas le moment de te débiner, réponds au petit. C'est son droit de savoir ce qui t'est arrivé. *Approbation.*

Client 1 : *plus calme.* C'est vrai quand on est avec ces gens on ne peut manquer d'avoir peur. Mais si vous faites allusion à ma jambe, *il prend sa jambe et la dépose bien en vue*, vous vous l'êtes mis tout droit dans le nez. *Cris d'horreur de l'assistance.*

Client 3 :calme-toi vieux. Tout ce que je veux c'est de savoir ce que vous êtes et pourquoi. *Approbation.*

Client 1 : je n'ai pas peur. Seulement, je ne supporte pas qu'on se paie ma tête.

Client 3 : *riant*, oh c'est bon ! J'ai compris la leçon.

Client 1 : je n'ai pas peur, je le répète. Au contraire, j'ai mûri. En tout cas, j'ai appris à me méfier de ceux qui se disent mes amis. Quand je regarde leurs yeux, j'y lis la traîtrise, et ça ravive ma haine de tout symbole d'autorité. *Rire général.* Oui mes frères, excusez-moi si je dis mal la chose. Une chose est cependant certaine : nous sommes victimes des assassins de la liberté et du bien de tous. *Approbation.*

Client 2 : oh là, il ne faut pas te cacher derrière l'arbre. Tu es pour quelque chose dans ce qui nous arrive. Si nous avons mal aux dents, c'est parce que les gens comme toi ont accepté de manger n'importe quoi pour satisfaire leur égoïsme. *Acclamation.*

Client 3 : et regardez ce qu'il est devenu. Une loque qui va d'un cabaret à un autre. *Rire général.*

Client 1 : mes frères je vous demande d'être tolérants et de vous poser des vraies questions. C'est fini le temps d'accuser les autres pour nos malheurs. Chacun doit se libérer de ses peurs, de ses complexes afin de prendre en main notre destin à tous. A ce que je sache, ce pays n'appartient à personne plus qu'à l'autre.

Client 2 : sœur, servez-nous encore à boire.

Femme : désolé, il n'y a plus rien.

Client 3 : quoi ? Il n'y a plus d'alcool ? Eh bien, s'il n'y a plus à boire, la journée est encore longue pour dormir, je vais voir devant. *Il se lève.*

Client 1 : tu as raison, allons devant. Rentrer maintenant, c'est pire qu'aller en enfer. En tout cas, je ne supporte plus d'entendre mes enfants crier famine. Ça me fend le cœur en deux.

Client 2 : se levant. Arrête donc de te plaindre. Allons, continuons à boire, boire jusqu'en mourir. *Ils sortent. La femme arrange ses affaires.*

Metteur en scène : vendeuse de bilibili, ramasse tes clics et clacs rapidement. J'ai urgent à faire. Les policiers sur scène et que ça chauffe.

CHAPITRE 6 : LE COMPLOT IMAGINAIRE

Au commissariat, trois policiers et s'entretiennent un moment entre eux. Puis le commissaire les rejoint. Garde à vous

Commissaire : *en inspectant.* Repos. La situation est encore maîtrisable. Les ordres viennent du haut commandement. Chacun dans son unité doit les appliquer scrupuleusement. Ouvrez grandement les oreilles. Je n'y reviendrais pas deux fois. Les ordres sont clairs : intimider la population, semer partout la panique pour briser la résistance qui monte et qui pourrait se dégénérer. Des questions ?

Policier 1 : quels sont les groupes concernés ?

Commissaire : tout le monde : étudiants et élèves surtout mais aussi commerçants, paysans, citadins, bref partout où il y a âme qui vive.

Policier 2 : quels en sont les degrés d'action ?

Commissaire : aucun. Tous les zèles sont permis. Notre boulot c'est intimider. Si quelqu'un veut faire le brave, vous avez le feu-vert pour ouvrir le feu et sans sommation. Il y va de notre vie et de la survie de notre patrie que nous avons jurée sous serment de servir loyalement. Mais bon sang, il faut quand même que l'État soit plus fort que les groupes d'individus ! D'autres questions ? *Silence.* Ok ! Rompez et au travail.

Les soldats quittent la scène. Sortie militaire. Le fou entre et déclame.

Le fou : Moi c'est moi. Toi c'est moi. Nous sommes de la même terre. La vaste terre de nos aïeux. Dommage que nos droits diffèrent. Nous sommes de mêmes souches. Rejetons des paysans et des pasteurs. Dommage que nos vies s'opposent. Pour toi, je suis un gibier gras. Mon sang est le meilleur miel. De ma sueur tu prospères. De ma force tu en fais en tracteur. Tu me une herbe jaunie. Une pâture pour ton cheptel. Tu me voles, tu me violentes, tu me tue. Tu me traînes dans la boue. Tu refuses de m'ouvrir un avenir. Mais je veux que tu saches. Je ne suis pas un marchand d'âme. Je ne suis pas un vendu. Je ne vends personne. Je ne suis serpent à personne. Je suis fils de la liberté. Mon âme est ancrée dans la justice. Enfant vieillard de l'aurore. Enfant vieillard du crépuscule. Saches que je suis un vivant. Je déjouerai tes plus sombres travers. Je les écrirai en lettre de sang sur les toits de la cité. Ainsi exhibés, l'homme sera plus vrai, plus fraternité.

Dans une rue, deux jeunes marchent bras dessus, bras dessous, parlant avec animation. Arrivent deux policiers. L'arrivée des soldats fait fuite le fou.

Policier 1 : eh vous deux-là, pourquoi riez-vous ?

Jeune : depuis quand c'est interdit de rire s'il vous plaît ?

Fille : au jeune homme. Calme-toi chéri.

Jeune : laisse-moi ton histoire-là. Je suis citoyen de ce pays. J'ai le droit de m'exprimer tout de même.

Policier 2 : tiens ! Tiens ! Voilà au moins quelqu'un qui sait son droit, n'est-ce pas ? À l'autre policier. *Rires moqueurs.*

Policier 1 : voyons voir si monsieur demeure pour autant un bon citoyen. Garde à vous ! Vos pièces d'identité, je vous prie. Jeune méfiant, sort ses pièces que le policier observe attentivement. C'est bien. Vous êtes étudiants et vous n'avez pas votre carte nationale d'identité…

Jeune : *tranchant.* Ce n'est pas nécessaire.

Policier 2 : ce n'est pas nécessaire ? Qui vous a enseigné ça ? Vos codes civils à la con ?

Fille : *au jeune homme*, s'il te plaît ne réponds plus. *Aux policiers.* Messieurs, si vous avez fini, laissez-nous partir, je vous prie.

Policier 1 : eh ! eh ! eh ! Ma belle, restons calme. D'abord vous allez gentiment nous présenter vos pièces d'identité, compris ?

Fille : *paniquée. Messieurs*, à vrai dire, je n'ai pas mes pièces sur moi. J'habite juste à côté. Si vous voulez bien, je vais les chercher.

Policier 2 : *en la cajolant.* Trop tard ma puce, l'infraction est consommée. Et vous allez devoir nous accompagner. *Au jeune homme*, vous, vous êtes libre de partir. Mais elle, nous la retenons.

Jeune : messieurs, vous voyez bien que je ne peux pas la laisser seule…

Policier 1 : ah bon ? Et pourquoi donc ?

Jeune : je suis responsable d'elle…

Policier 2 : et puis quoi encore ? *Rire.*

Policier 1 : dégage ouste ! Nous t'avons assez vu. *Ils se mettent à battre le jeune*. Allez, fous-nous la paix. *Bastonnade et fuite du jeune*.

Policier 2 : quant à toi, mignonne, ça t'apprendra à te promener la nuit avec des gens peu recommandable.

Policier 1 : surtout quand on a de bons yeux et les derrières aussi canons comme les tiens, on doit faire très attention. *Rire.*

Fille : non !

Les policiers se saisissent de la fille.

Fille : non, laissez-moi !

Policier 2 : *en imitant sa voix*. Non, laissez-moi ! Avant de passer au commissariat, allons d'abord au reboisement avec elle.

Policier 1 : tu as raison. Allons lui régler son compte à cette pétasse ! *Pleurs et cris de la fille*.

CHAPITRE 7 : LA REPONSE INAUDIBLE DU PEUPLE

Les trois jeunes se retrouvent chez l'un d'eux. Embrassades et salutations d'usage. Puis silence.

Jeune 2 : alors, comment avez-vous vécu ces durs moments : les assassinats qui se multiplient, la famine qui atteint nos campagnes, le choléra qui ravage nos zones périphériques et la saison de pluie avec son cortège d'inondations et de boue ?

Fille : c'est vraiment le malaise. On ne sait à quoi s'en tenir. On se croirait sous d'autres cieux.

Jeune 1 : le meilleur c'est le mutisme de nos gouvernants. Mieux ! Leurs cris de détresse à l'endroit des partenaires extérieurs…

Jeune 2 : vous n'allez pas vous remettre à vous lamenter comme des imbéciles ! Que voulez-vous : nous vivons un apartheid qui ne dit pas son nom. Et ce n'est pas en pleurnichant que nous verrons venir le changement. *Silence.* Très bien. Parlons plutôt des démarches que nous devons mener.

Fille : *en garde à vous.* À vos ordres chef !

Jeune 2 : *sérieux.* Et puis quoi encore ?

Jeune 1 : ça suffit vous n'allez pas vous remettre à vous engueuler comme chien et chat.

Jeune 2 : cette garce a le secret de me donner la rogne pas possible !

Fille : *en jouant.* Holà ! Garde ta rogne pour toi d'accord ? Gaou-là !

Jeune 2 : *au jeune 2.* Tu entends ce qu'elle me sort encore-là ?

Jeune 1 : bon on arrête les blagues les enfants. La situation est grave pour fantasmer. Je commence. De mon côté ça n'a pas été facile. Pour nos collègues étudiants tant que la bourse est régulièrement payée, ils se moquent du reste...

Fille : normal, puisqu'ils sont pour la plupart politique ment très sensibilisés. *Les deux jeunes lui jettent un regard menaçant. Elle se tait.*

Jeune 1 : très bien. Donc pour eux, même si le pays venait à être rayé de la carte, ils continueraient à sortir des gonzesses et à prendre leur bière. Néanmoins, les associations des élèves, notre union et l'amicale des enseignants nous ont donné leur accord de principe. Elles sont prêtes à descendre dans la rue avec nous.

Jeune 2 : en voilà une bonne nouvelle. Enfin, les enseignants comprennent notre lutte. *Se tournant vers la fille.*

Fille : j'ai pu convaincre certaines personnes du quartier, grâce aux tracts, à dépasser leur peur, à comprendre l'importance du sacrifice qui leur est demandé pour la génération à venir. Certaines associations des femmes sont décidées à se joindre à notre lutte mais elles tiennent à ce que soit respecté le caractère pacifique de celle-ci. À savoir que nous marchons pour exprimer notre mécontentement et exiger du gouvernement de garantir notre sécurité.

Jeune 2 : très bien, je vous félicite. En ce qui me concerne, certains partis ainsi que les associations de la société civile sont de notre côté. Toutefois, ces dernières ont émis la crainte que cette action soit récupérée politiquement.

Fille : voilà qui est bien. Passons à la phase 2 : les modalités pratiques d'organisation de notre action.

Jeune 2 : tout d'abord, ayons à l'esprit que la situation est à prendre avec sérieux. Nous devons par conséquent mûrement réfléchir avant de prendre des décisions.

Jeune 1 : je pense que la meilleure et la plus plausible solution est d'amener le peuple à s'insurger contre ce régime. Pour ce faire, il nous faut monter au créneau. Crier notre ras-bol. Ce régime doit nous protéger ou démissionner et nous l'y contraindrons par la force de la rue. Car aucun régime ne peut résister devant un peuple décidé à arracher sa liberté. Marchons ne se-rait-ce que pour amener notre peuple à prendre conscience des conséquences que lui cause son mutisme. Alors finie la grande muette.

Fille : non, la violence engendre la violence. On ne peut prétendre apporter le changement véritable par les bouts des canons de kalachnikovs. La prise de pouvoir par la violence qu'elle soit de la rue, un coup d'État, fraudes électorales, en fin de compte n'apporte rien au bas peuple. Avec elle, aucun avenir viable n'est possible. L'histoire nous en fournit des sombres exemples. Moi, j'opterai plutôt pour une manifestation non-violente et suivant la procédure légale.

Jeune 1 : en se marrant. Cause toujours. Hum ! Tu sais pourtant que dans ce pays aucune manifestation n'est permise si ce n'est pour louer, encenser le régime. Si nous entreprenons des démarches juridiques, autant dire adieu à notre marche. Ces dirigeants dès qu'ils ont leurs fesses collées sur leur bureau, ils ne regardent plus que là où se trouve la mangeoire…

Fille : qu'est-ce que tu veux : chez nous c'est le parti qui gouverne. Nos dirigeants servent d'abord l'intérêt d'un parti, d'un clan, d'une région s'il y a le reste avant celui du pays.

Jeune 1 : et donc, il suffira d'un faux pas de notre part, seront lâchés à nos trousses leurs chiens impitoyables et malingres que sont les soi-disant forces de l'ordre.

Jeune 2 : calmez-vous les gars. Gardez vos énergies, nous en aurons besoin justement pour échapper aux forces de l'ordre. *Rire général.* Mais pourquoi avoir peur de notre peau, si nous sommes convaincus que notre lutte est juste et sacrée puisqu'elle annonce un monde nouveau, semble dire l'un ; l'autre, au contraire, soucieuse de respecter, en bonne citoyenne, les lois du pays, incite à la prudence. Pour ma part, je tranche que vous vous complétez merveilleusement bien. Autrement dit, nous commencerons par la phase légale. En cas d'échec, nous poursuivrons avec la seconde voie. Et même s'il faut agir dans la clandestinité, nous le ferons. Car nos sangs arroseront la terre nouvelle pour notre peuple. Je me charge des démarches. Et je vous tiens au courant. Merci. *Ils sortent en s'embrassant. Effervescence dans la salle.*

Metteur en scène : oui, goûtez-le vous-même : c'est fort. C'est pourquoi cette scène mérite d'être jouée avec un climat noble. Tous les mots doivent être pesés. N'est-ce pas en même temps que vous les disiez, vous vous sentiez engagés par vos propres paroles ? Et c'est comme cela que le public doit réagir. Très bien. Le Conseiller et le Secrétaire Général du Front des Citoyens pour la Démocratie, le FCD sur scène. Que commencent la traîtrise et la course au ventre mesdames et messieurs. Avec un geste cérémonieux. Rire des acteurs.

CHAPITRE 8 : LA DERISON COMPLOTISTE

Le Conseiller Politique du Président est assis sur une chaise dans son jardin. . On le voit de temps en temps faire de calculs. Puis il s'arrête. L'air méditatif.

Conseiller : en voilà une mission délicate ! Qu'est-ce qu'ils veulent donc ces jeunes ? Nous avons cru être clairs en interdisant solennellement les manifestations. Fut-ce pacifique. Mais ils ne veulent rien savoir. Eh bien, tant pis. Nous ne lésinerons sur aucun moyen. Eh oui ! C'est à prendre ou à mourir. *Il se remet à ses calculs. Nerveux. Il balance son cahier et arpente la scène.* Manifestation ? Ça, jamais ! Nous sommes prêts à être désignés par Amnesty International ou toute autre organisation du genre comme le gouvernement le plus répressif au monde mais nous n'accepterons sur notre terre une chose pareille. Mais non ! Ça ne va pas non ? *Il s'arrête sur son livret de compte et le ramasse.* Nous sommes un pays souverain et nous agissons en tant que tel. Nous n'avons leçons à ne recevoir de personne ! Il repart s'asseoir. Une manifestation ? Ça, jamais ! Un peuple en colère est pire que le feu de l'enfer. Non, la rue n'est pas faite pour lui. Tant que nous maîtrisons la rue, nous tenons le pouvoir. Et la seule façon de soumettre un peuple rebelle est la violence. La violence implacable, sans gêne !

Metteur en scène : mon cher Conseiller, montre-toi un peu plus convaincant. Prends le public à témoin. Corromps-le. Pour toi, il est important, au seul ton de ta voix, qu'il comprenne que marcher c'est merder, donc illicite. Et que c'est anti-démocratique de protester.

Jeune 2 : en toussant. Excusez-moi… c'est plutôt le contraire qui est vrai.

Fille : tais-toi grincheux : tu n'es pas encore branché.

Metteur en scène : bon, on ne va recommencer à se disputer. *Au jeune 2.* Mon grand, sache que sous un régime dictatorial, il n'y a point de vérité. Toute vérité est manipulable et manipulée, contorsionnable et contorsionnée. Et, même toute réalité demeure cachée ; le visible invisible. Tout est comme dans un tourbillon de sable : invisibilité totale. De même, en démocrature, aucune loi n'est faite pour la lumière. Aucun engagement n'est fortuit ni désintéressé. Tant pis pour vous le bas peuple. Compris ? Très bien. On continue.

Quelqu'un frappe à la porte.

Conseiller : entrez cher ami. Ah ! Cher camarade. *Salutations d'usage.* Comment voulez-vous que je vous appelle : cher camarade ou Monsieur le Secrétaire Général du FCD ?

Le secrétaire : comme bon vous semble, cher ami.

Conseiller : prenez la peine de vous asseoir. Je vous attendais. Voulez-vous boire quelque chose ?

Le secrétaire : non merci. Je n'ai pas soif.

Conseiller : même pas du whisky ?

Le secrétaire : non plus. Je ne prends pas d'alcool.

Conseiller : ah ! Je vous félicite. Pour nous autres responsables de l'État, pour que ce pays avance, l'alcool est meilleur compagnon.

Le secrétaire : dommage. Voilà pourquoi nos rues sont maintenant infectées de ces breuvages infâmes et homicides. Si les gouvernants manquent de morale que peut–on attendre du peuple ?

Conseiller : oh ! Oh ! Trêve de remontrances, cher camarade. Mais voyons, nous sommes en démocratie. Le libre-échange tout de même. Chaque citoyen est libre de vendre, d'acheter et de consommer ce que bon lui semble. Que vous ne consommiez pas, c'est votre absolu droit ; que d'autres en raffolent, c'est également leur absolu droit. Eh oui ! Là-dessus, j'ai l'obligeance de vous appeler impérativement à plus de tolérance. Vous n'avez pas le droit d'imposer vos goûts aux autres.

Le secrétaire : à mon tour de vous féliciter, cher ami. Si seulement le gouvernement pouvait appliquer ces précieux principes dans les jeux politiques: ne jamais imposer ses vues, ses idées, ses libertés, ses intérêts aux autres partis et laisser chacun à la libre expression de son choix...

Conseiller : c'est justement ce qui se passe ici dans notre pays, cher camarade ! Jamais nous ne nous imposons : nous proposons. Et heureusement, il y a toujours preneur. C'est ça le jeu, cher camarade : proposer. Une sorte de garantie mutuelle qui porte fruit !

Le secrétaire : au prix de quelle trahison !

Conseiller : ne relève pas. Et vous savez plus que quiconque que trop de liberté tue la liberté. Si le gouvernement laissait chaque parti agir comme il entend, ce serait de la totale anarchie. Croyez-en mon expérience, cher camarade : ce serait chaque jour de bruits dans les rues !

Le secrétaire : mais ce n'est pas le rôle d'un gouvernement d'interdire en premier la liberté, mon cher conseiller ! La liberté est inscrite dans l'essence même qui fonde la République. Dès que les hommes ont vu la nécessité de déléguer leur pouvoir à une institution hiérarchisée...

Conseiller : se lève tranchant, ils ont sacrifié leur intérêt personnel égoïste et leur faiblesse au détriment de la collectivité nationale dont l'État est le garant incontesté... bon, assez de bavardages stériles! Nous savons de sources bien informées que votre parti, le Front des Citoyens pour la

Démocratie, le FCD, parti régulièrement constitué et les Associations de la Société Civile aviez l'intention de manipuler quelques groupuscules se réclamant de la jeunesse dans une certaine manifestation populaire, est-ce exacte ?

Le secrétaire : *en riant*, soutenir et non manipuler.

Conseiller : peu importe le verbe !

Le secrétaire : en ce cas, je dirais oui. Car il s'agit d'une marche pacifique, non-violente. Manière d'exprimer solidairement et publiquement notre constat amer sur l'impasse politique actuelle.

Conseiller : et qu'espérez-vous en retour ?

Le secrétaire : rien. Sinon que notre peuple sera plus aguerri et pourrait au fil de temps et pacifiquement se réveiller et agir comme un seul homme.

Conseiller : *rire*, pacifiquement... pensez-vous, cher camarade qu'un peuple en colère peut agir pacifiquement ? Laissez-moi rire... voilà le mauvais de votre esprit réformiste à rebrousse poils ! *Il se rassied.*

Le secrétaire : nous en sommes bien conscients. *Il se met debout.* Et nous savons aussi que ce n'est pas en croisant les bras que nous apporterons le changement espéré par notre peuple. *En regardant le conseiller dans les yeux.* C'est par l'éveil de conscience de tous : paysans, commerçants, ménagères, fonctionnaires, élèves et étudiants ; hommes et femmes, enfants, malades et bien portants, que notre pays pourrait sortir de ce marasme généralisé.

Conseiller : *rit en battant des mains*, bravo ! Changement, marasme généralisé... Voyons ! À t'entendre parler, on se croirait au temps des empires ! Alors que nous sommes dans un État moderne et civilisé.

Le secrétaire : moderne, sans doute mais civilisé, certainement pas !

Conseiller : *se lève à son tour*, mais voyons, nous avons des lois. Et vous, en tant que chef de parti politique, j'ai le devoir de vous inviter fermement à mettre fin à cette parade inutile.

Le secrétaire : *rire*, parade inutile, dites-vous ? Pourquoi aviez-vous peur donc ? *Silence*. Les jeunes envoient un signal embarrassant au gouvernement. Ah ! Génial ! En plus, ils sont décidés à obtenir ce qu'ils veulent...

Conseiller : le gouvernement ne s'offrira pas le luxe de vous laisser agir ainsi. Voyez-vous cher ami, *prenant le secrétaire par les épaules*, le peuple est très fragile. Nous avons l'impérieux devoir de garantir la sécurité et de nos institutions et de nos populations innocentes. *Il lui parle à voix basse. Le secrétaire* *acquiesce. Puis à haute voix.* Si vous vous montrez raisonnable, le gouvernement pourrait devenir très compréhensif à votre égard, cher ami. Le président de la République, dans son message à la Nation, a clairement indiqué la voie : la main tendue pour constituer une base politique forte pour l'épanouissement de notre peuple dans la paix et la concorde nationale. Voyez-vous, un gouvernement peut facilement se remanier... votre parti pourrait y entrer bientôt...

Le Secrétaire : *pensif,* nous allons y réfléchir, en effet.

Conseiller : voilà qui est bien parlé !

Le Secrétaire : d'ailleurs, nous y avons à tout gagner.

Conseiller : vous avez intérêt d'agir vite. Le Président est encore lucide et j'ai toute sa confiance.

Le Secrétaire : comptez sur moi, cher ami.

Conseiller : voyez-vous, cher ami : le pays est un grand champ où chacun pourrait moissonner. A condition de garder profil bas et de choisir son camp. Et au jour d'aujourd'hui, le champ qui rassasie c'est celui de la mouvance présidentielle.

Le Secrétaire : merci, cher ami.

Conseiller : si aujourd'hui, j'avais perdu ma place, trouverez-vous chez moi ces beaux fauteuils sur lesquels vous êtes assis ? Et cette table de conférence dans mon bureau privé, tous ces meubles que regorgent mes propriétés ?

Le Secrétaire : tes propriétés dis-tu ?

Conseiller : mais qu'est-ce que tu crois, cher ami ? J'ai plus de sept villas au pays, sans compter mes actions sur les marchés boursiers à travers le monde !

Le Secrétaire : à quoi s'ajoutent tes nombreuses voitures de luxe !

Conseiller : évidemment, bien évidemment, cher ami.

Le Secrétaire : dans la vie, il faut savoir faire montre de prudence.

Conseiller : exact ! Il ne sert surtout à rien de copier les idées ailleurs. Nous avons nos propres réalités, agissons selon nos propres réalités. Si les autres peuvent supporter une manifestation, comment dites-vous déjà...

Le Secrétaire : pacifique.

Conseiller : populaire et pacifique, c'est leurs réalités à eux qui le permettent.

Le Secrétaire : il est vrai, le changement, notre peuple peut encore attendre.

Conseiller : il n'y est pas encore préparé c'est tout. Le gouvernement y travaille. Ne venez donc pas y mettre du bordel.

Le Secrétaire : vous avez tout à fait raison. Un pays ne se construit pas en dix jours.

Conseiller : vous commencez par devenir visionnaire. Voyez-vous, cher ami, en politique, la vision, c'est l'air du temps. Respirez-le profondément et vous ne serez jamais perdu. Tant que le soleil brille, pourquoi choisir l'ombre ? *Rire*, et le soleil pour le moment c'est le pouvoir ! Tant pis pour les canards boiteux ! *Rire et sortie.*

Metteur en scène : monsieur le Secrétaire Général du Front pour la Démocratie…

Le Secrétaire : oui

Metteur en scène : comprenez-vous ce qui vous arrive ? *Rire général.* Non, ne riez pas, je vous prie. C'est une question embarrassante. Vous devez le savoir désormais. La démocrature fait de vagues. Des vagues nocives qui détrônent tout le monde. Et ce qui arrive à votre personnage arrive toujours quand l'arbitraire devient la règle du jeu démocratique. Car il faut masquer la vérité, n'oubliez pas. L'intimidation, la concussion, l'interdiction, de mesures d'exception, ce sont là ses méfaits. Et ses vagues sont comme les baves de la folie ; elles entretiennent des conflits sociaux qui tôt ou tard se réveilleront. Dans la confusion générale créée, un esprit faible perd le sens de discernement et est souvent entraîné dans le cercle infernal du choix où se joue sa vie. Parfois refuser de choisir est gage de sagesse, peu importe le prix encouru pour la satisfaction du moment. C'est vraiment ici que la patience est la longueur du temps… Très bien, on continue.

CHAPITRE 9 : COURSE A LA MANGEOIRE

Le secrétaire général du FCD, le représentant des ADH et le président propriétaire du parti populaire des travailleurs sur scène. Sous les ordres du Metteur en scène qui les interpelle à hâter les pas. Le temps presse.

Président du PPT : oui, vous avez raison. Il faut commencer. Nous avons d'autres chats à fouetter.

Secrétaire : ben voilà ! Merci d'avoir répondu si promptement à mon invitation. Nous allons commencer en espérant que le représentant des jeunes nous rattrapera. Cela dit, je vais être bref.

Président du PPT : allez-y, monsieur le Secrétaire Général. La concision, c'est ce qu'il nous faut.

Secrétaire : merci, mon Président. Vous êtes au courant de l'évolution de la situation politique au pays : les assassinats se multiplient ; les séquestrations ainsi que les arrestations arbitraires se font légion.

Représentant : surtout depuis le hold-up électoral et la trahison des leaders dits de la majorité, le peuple est fâché et veut s'exprimer.

Secrétaire : exact. De son côté, le gouvernement étant décidé à conforter sa position aussi bien à l'intérieur qu'à l'extérieur, tous les moyens seront employés pour avorter toute tentative de contestation. Surtout la marche en gestation. Donc, pour ma part, je crois que nous aussi nous avons des devoirs envers ce peuple. Ce serait irresponsable de notre part de sacrifier notre peuple en engageant un bras de fer perdu d'avance.

Président du PPT : hum... quelque part, il y a risque de pourrissement d'autant plus qu'il y a durcissement des positions. Persévérer dans cette optique serait un suicide en effet. Mais que pouvons-nous faire si les enfants refusent d'entendre raison...

Secrétaire : d'un autre côté, je pense que notre peuple n'est pas encore disposé à mener une action de telle envergure. Donc, j'en viens à la conclusion qu'il serait sage de surseoir provisoirement à ce projet. C'est question de stratégie. Sinon, nous allons assister à des dégâts irréparables.

Président du PPT : ce qui fragiliserait encore davantage notre démocratie.

Secrétaire : tout à fait. Donc, je suis certain que vous m'avez compris et que vous partagez ma manière de voir la chose. Merci pour votre attention. Au demeurant, je reste ouvert à toute opinion, divergente comme convergente.

Représentant : je me félicite pour votre perspicacité, monsieur le Secrétaire Général du FCD. La situation est critique en effet. Manifester dans ces conditions serait courir tout droit au massacre. Et notre conscience ne peut supporter cela. Pourtant, au plus profond de moi, je reste convaincu qu'un jour, il faut bien que le peuple réagisse face à telles pratiques. Et c'est ainsi seulement qu'il obtiendra sa véritable souveraineté.

Secrétaire : un jour… Peut-être que ce n'est pas encore le jour. C'est aux ADH de sensibiliser les opinions à attendre ce jour, mes chers amis.

Représentant : au niveau des ADH, nous avons dans le temps dénoncé la dérive totalitaire de ce régime clanique aux méthodes moyenâgeuse et indignes d'un État moderne.

Président du PPT : et votre audace fut chèrement payée. Outre les pierres et les coups de poignards, vos personnes physiques ont fait l'objet d'entraînement aux agents de tout poil !

Représentant : oui, et nous avons perdu des valeureux fils de ce pays. Si nous maintenons notre initiative, ce régime militaire peut se laisser aller à un vrai massacre.

Secrétaire : peut-être même, avant les massacres, nous ne serons plus soit de ce monde soit purgeant nos témérités au fond d'une geôle moribonde pour l'éternité.

Président du PPT : en plus, notre peuple est habitué à ses souffrances. Le cœur qui crie fort est souvent cœur de lâche. Notre peuple n'est pas encore prêt pour un tel héroïsme. Vouloir tout changer tout d'un coup c'est encore créer d'autres problèmes.

Secrétaire : si par malheur cette marche échoue, tous se moquerait de nous. Nous serons ridiculisés. Plus personne ne nous prendrait au sérieux.

Représentant : et si nous ne faisons rien, à jamais nous serons catalogués comme des peureux, des fuyards, des pantouflards et que sais-je encore ? Ne valant même pas leur attention.

Président du PPT: chers amis, pensons d'abord à ceux qui nous sont chers avant de faire quoi que ce soit. Moi, j'ai au moins trente bouches à nourrir chaque jour. J'ai des enfants à l'étranger pour raisons d'études. Donc, il faut s'assurer de tout cela. Ce serait du kamikaze que nous, au Parti Populaire des Travailleurs, rejetons avec la dernière énergie.

Secrétaire : une sagesse dit : « pour vivre heureux, vivons cachés ». Moi je dis, en politique pour vivre longtemps, il faut savoir s'adapter aux situations nouvelles et protéger ses arrières. Donc, restons neutres dans cette affaire pour l'instant. Neutralité et non indifférence bien entendu. Que les jeunes se débrouillent sans nous !

Président du PPT : hum… il s'agit d'une stratégie forte qui nous permet d'être ni pour ni contre personne et d'être en norme avec tous. *Acclamations.*

Représentant : bien ! Je tiendrais informer ma base.

Secrétaire : merci pour votre franche collaboration. Ce qui montre combien le pays est dans votre cœur. J'irai dès ce soir voir les jeunes pour les informer également de la conclusion à laquelle nous sommes parvenus. *Sortie, le Secrétaire ne dernier, pensif puis éclate de rires.*

Metteur en scène : les gars, je vous demande juste un peu de courage. Mettez du sérieux dans les actes qui vont suivre. Elles sont douloureuses, choquantes même. Elles concentrent en elles seules tout ce que la démocrature a comme pourriture. Le public en sera peut-être choqué. Mais si c'est ainsi que ses yeux doivent s'ouvrir pour voir ce que vous vous voyez, tant qu'à faire. Mettez-y le maximum de vous-même. C'est un fois ces scènes réussies que je saurais si cette pièce mérite d'être jouée. Alors à vous de m'épater. Très bien scène suivante.

CHAPITRE 10 : DES VOIES DANS LA NUIT

Les trois étudiants détendus, après des embrassades, ils rient gaiement ensemble.

Jeune 2 : ah ! Les gars, fallait être là pour voir la réaction du Ministre de l'intérieur !

Fille : quoi ? Le Ministre de l'intérieur ?

Jeune 2 : oui, ma petite, lui-même en personne. Il m'a reçu dans son bureau spacieux. Avec des meubles en cuire noire, des sièges scintillants, incomparables avec notre misère nationale !

Fille : et qu'est-ce qu'il voulait ?

Jeune 2 : une seule information : ce qui nous pousse à organiser la manif.

Jeune 1 : ah ! Les pauvres ! Pourtant ils n'ignorent pas notre situation. Jusqu'à quand vont-ils continuer à se voiler la face, à faire les sourds d'oreilles.

Fille : oh toi, cesse donc de te lamenter. Et qu'as-tu répondu ?

Jeune 2 : la vérité. Je lui ai exactement dit la vérité. Mais cela ne lui a pas plu du tout. Il a menacé de me jeter en prison.

Fille : il a osé dire ça ?

Jeune 2 : plus grave encore, il nous accuse d'être manipulés par les partis de l'opposition.

Jeune 1 : toujours la même chanson à chaque fois que le peuple veut s'exprimer. Alors à quoi bon autoriser le multipartisme, si les partis sont réduits au silence.

Fille : mais qu'est-ce qu'il en dit de l'implication des ADH et des autres Associations à nos côtés.

Jeune 2 : en tout cas, il dit qu'il ne lésinerait sur aucun moyen pour empêcher notre marche. C'est une question de vie ou de mort pour le gouvernement.

Fille : c'est clair, le gouvernement a peur de cette marche ! *Ils éclatent de rire.* Puis arrive le SG de FCD.

Secrétaire : tout souriant. Ah, mes braves amis, vous voilà enfin. Je suis étonné de votre absence à la rencontre de ce matin. C'est quand même un moment important pour nous tous. *Les jeunes continuent à rire de plus bel.* Peut-être, si vous avez été là les choses se seraient certainement passées autrement. Votre vigueur combative et vos convictions hautes auraient empêché ces crétins de partenaires de changer de fusils d'épaule ! *Les jeunes arrêtent de rire et se regardent d'un air entendu.*

Jeune 2 : *avec indifférence.* Nous avions pressenti que rien ne marchait de ce côté. Comme le monde change, les gens ne sont plus ce qu'ils étaient. Nous rencontrons de plus en plus des bêtes, des corrompus, des crétins et même ceux qui ; tout en vous couvrant de baisers, vous envoient des poignards en plein ventre.

Secrétaire : *pensif.* Hum... C'est vrai, même Judas a trahi Jésus qu'il aimait. En somme...voyons, soyons optimistes. Tout le monde n'est pas comme ça ! Prenons la situation avec philosophie au lieu de nous laisser aller au sentimentalisme.

Jeune 2 : non, pas du tout: c'est la triste réalité. Le monde est ainsi fait. Ce qui rassure, c'est que le corps humain est un vrai détecteur de mensonge. Par exemple, si un ami ne parvient plus à vous regarder dans les yeux, c'est clair qu'il n'est plus de votre côté. *Rire moqueur des autres.*

Secrétaire : vous avez peut-être raison. Mais enfin, la vie est ainsi faite ! À présent, si vous voulez bien m'accorder un instant d'attention. Tout le monde s'assied. Merci. Voilà, ce que je vais dire est uniquement dans votre intérêt. Moi, je suis déjà vieux. Je m'achemine vers mon crépuscule. En ma qualité d'aîné, je vous conseille un peu de retenue... je vous montre la voie de la sagesse... donc, je vous dis tout de go, et c'est aussi l'avis des autres: arrêtez cette idée de marche avant qu'il ne soit trop tard. D'ailleurs, les autres vous ont déjà retiré leur appui. Si vous persistez dans cette logique, vous mettez votre vie en danger de mort ainsi que celle de vos proches. Sans parler des pauvres innocents qui périront par votre faute. *Acclamation vigoureuse des jeunes. Embarras du Secrétaire Général.* Pensez à votre avenir. Vous êtes encore jeunes, vigoureux. Sous peu, vous serez diplômés. La situation du pays aura évolué, et alors là, la vie est à vous. Ce n'est qu'une question de stratégie.

Fille: si tous les révolutionnaires avaient suivi votre conseil, le monde serait un gâchis total ! *Acclamation des jeunes.* Nous nous moquons de vivre : la vie ou la mort importent peu. Ce qui compte c'est de savoir pourquoi l'on vit et ce pourquoi l'on meurt. Or nous, s'il nous arrive de mourir, comme vous le dites si bien, ce ne serait pas inutile.

Jeune 2 : notre mort rendrait service à ce pays que votre vie, monsieur le Secrétaire ta conscience, mon cher Secrétaire ? Général du FCD. Nous avons la conscience libre. Notre mort ferait passer la force qui nous habite dans plusieurs. Comparativement à vous qui prospérez sur le malheur des autres. Pendant qu'on y est, peux-tu nous dire combien tu as reçu cette fois ? Hein, combien as-tu vendu

Secrétaire : *énervé.* Qu'insinuez-vous ? Que je suis payé pour vous empêcher de mourir ? Mourrez tous si cela vous enchante ! Mais... ce n'est pas possible ! Pensez-vous que l'on change une société avec des illusions ?...

Fille : en tous cas, nos illusions valent plus que vos sagesses bidon. Rire.

Secrétaire : si vous comptez me ridiculiser, je vous souhaite bonne chance.

Jeune 2 : dorénavant, notre choix est fait ; nous n'avons pas peur de mourir. Nous avons marre de voir notre peuple dans la misère pendant que des imbéciles sans honneur coulent le luxe de leur voler leur soleil.

Fille : sans vous offenser, monsieur le Secrétaire Général, je tiens à vous dire ceci : empêcher un peuple d'exprimer ses opinions est pire que de le soumettre à un esclavage.

Jeune 1 : et si les concerts des nations dits démocratiques, et surtout les Chefs d'État de notre Continent sont prêts à condamner les auteurs des coups d'État et la prise de pouvoir par les armes, ils doivent faire mieux: exclure de leurs assises tout gouvernement qui interdit par quels moyens que ce soit l'expression souveraine de son peuple. Car, ces régimes pseudo-démocratiques sont de la pire vermine qui retarde l'avancée de nos sociétés.

Secrétaire : bon, je n'ai plus rien à ajouter. Cependant une chose : vous vous foutez les doigts aux yeux.

Jeune 2 : adieu.

Secrétaire : c'est la démocratie, les opinions différentes sont les bienvenues et même enrichissantes.

Jeune 1 : au fait, dans ce cas précis, ça ne s'appelle pas démocratie mais mourrocratie intellectuelle.

Secrétaire : voulez-vous reprendre ?

Jeune 1 : eh oui ! La mourrocratie intellectuelle est un système par lequel un régime analphabète, moribond, liberticide, pilleur est sanguinaire soumet vaille que vaille l'intelligentsia. *Acclamation des autres.*

Fille : et notre pays est bourré de ces virus vaches foliques ! *Rire général. Excédé le Secrétaire sort. Un moment de silence. Devenant sérieuse.* C'est bien de rire mais je crois qu'il y a quelques grains de sagesse dans les propos rébarbatifs de ce vieux routier politichien.

Jeune 2 : oui bien sûr ! J'en suis conscient. Seulement, ces vieillards à l'esprit trop fatigué nous prennent pour des naïfs, des utopistes idéalistes. Ils méprisent nos entreprises.

Jeune 1 : nous avons là l'occasion de leur montrer un cliché différent.

Fille : mais, il est si humilié…

Jeune 2 : je comprends ton attitude. C'est pourquoi je nous appelle au courage et à l'espérance. Regardez l'Afrique du Sud au temps de l'apartheid. Les noirs étaient sur le qui-vive. Leur vie était menacée, partout, ils étaient en danger. La ségrégation raciale, le racisme ou tout simplement le négriticide étaient élevés comme principe de gouvernance. Cela n'a pas empêché certains fous de la liberté, de l'égalité entre tous et de la justice sociale à vouloir reconstituer la mémoire historique de ce peuple qu'ils aiment plus que tout. Et si aujourd'hui leur sang coulé a préparé un futur heureux, c'est parce que ces hommes croyaient possible un Afrique du Sud multiraciale et pacifique.

Fille : parfois pour arriver à être libre, quelques sacrifices sont nécessaires.

Jeune 2 : mais il importe que ces sacrifices soient le désir résolu de plusieurs. D'une grande frange de la population.

Fille : justement, c'est là tout le problème. Notre action, pour qu'elle soit durable, immortelle, vraiment libératrice, a besoin de l'écho en notre peuple… il faut qu'elle trouve une terre où germer, pousser, mûrir… un cœur généreux qui l'apprivoise et la perpétue. Un cœur gagné à la cause est une grande réponse décisive à la houle démoncratuesque qui nous embrigade.

Jeune 1 : alors là nous pouvons mourir en paix car nos idéaux nous survivront.

Fille : aussi, avant toute chose, nous faut-il l'adhésion massive de notre peuple. Mais je crois que nous sommes loin de ce schéma…

Jeune 2 : ce qui amène certains à se demander, vu son mutisme, si un tel peuple mérite que l'on se sacrifie… *silence.*

Jeune 1 : pour obtenir cette adhésion nécessaire, ni l'exil ni la rébellion armée ne pourraient être la solution indiquée. En effet, le vrai facteur de changement durable, le seul, reste le peuple dans sa volonté, sa force la plus vive, la plus profonde du refus de compromission. C'est à lui que revient la charge d'inventer son destin propre et non un quelconque groupe d'individus chagrins se réclamant de lui. *Silence.*

Jeune 2 : je crois aussi que pour parvenir à déclencher un tel regain d'intérêt dans ce peuple, il faut bien que quelqu'un donne l'exemple : se sacrifier soi-même par amour pour tous. Et pour cela je suis prêt à mener cette entreprise à bout. *Silence.*

Jeune 1 : penses-tu réellement que la mort d'un humain soit la solution à nos problèmes ? Non ! Je dis non : se laisser tuer serait un martyre de plus ; vite pleuré, vite oublié. Et rien ne serait changé.

Combien avant nous sont morts pour la justice, le droit et la liberté entre tous dont la postérité en garde la mémoire ? *Silence.*

Fille : une chose est certaine : nous vaincrons tôt ou tard. Crois-tu qu'il est possible d'exercer définitivement un pouvoir fondé sur la fraude, les canons sur un peuple jaloux de sa liberté ?

Jeune 2 : on se calme. Gardons nos forces pour le combat qui nous attend. Ce combat c'est ici que nous le mènerons. Ici avec nos mains nues. Même s'il nous arrive de mourir, ceux qui survivraient le continueront. Peu importe quand ni comment. D'ailleurs, qui vous dit que ce n'est pas maintenant que se joue l'avenir de tous ? Venez, embrassons-nous et souhaitons-nous bonne chance comme ce vieux clébard tout à l'heure. *Ils s'étreignent et sortent en riant avec éclats.*

Metteur en scène : tu as parlé avec une telle persuasion dans la voix que j'espère que le public en sera touché le jour de la production. Concentrez-vous les gars, je tiens à ce que cette pièce plaise. Scène suivante.

CHAPITRE 11 : L'INTERMEDE

Le jeune 1 marche dans la rue en sifflotant quand arrivent deux policiers qui l'encerclent et l'assomment.

Policier 1 : imbécile ! Je vous apprendrais à jouer le héros moi ! *Coups de pieds du policier, pleurs du jeune 1qui tombe.*

Policier 2 : s'agenouille et l'étrangle en lui cognant la tête contre sol. Connard, macaque, tu vas le payer le fruit de ta dérision !

Policier 1 : arrête ! Il est déjà mort ! Avec insistance, l'autre se lève épuisé. Tu vois : il ne peut plus bouger ni manifester à présent. *Le secouant.* Eh ! Tu m'entends ? Tu as fait du bon boulot. J'en toucherais un mot dans le rapport.

Policier 2 : ouais, je vois. Emportons-le à la morgue.

Policier 1 : non, pas à la morgue, allons le jeter au fleuve. Ça ferait un bon régale aux poissons.

Policier 2 : toi aussi ! Pourquoi nous fatiguer ? N'est-ce pas que les ordres viennent d'en haut.

Policier 1 : ouais, mais…

Policier 2 : alors, nous sommes couverts. Pour une bonne leçon, jetons-le devant le Bar « les démocrates à la gâchette ». *Rire* général.

Policier 1 : ouais, tu as raison. Allons-y. Rire et coups divers, sortie.

Après le départ des policiers, le fou sur scène. Il est triste et s'arrête à l'endroit où était tombé le jeune. Il déclame.

Le fou : longtemps le soleil s'est levé sur cette terre.

Fébrilement et obstinément, il a brillé.

Ses rayons rebelles ont percé avec tendresse et rigueur.

Quelques cœurs – tournesols, guidés par la grandeur de la vie l'ont avidement caressé.

Ceci en est devenu une religion.

Une histoire d'amour suivie, réciproquement vécue avec extase.

Chaque jour qui passe vers des nobles desseins il le conduit.

Car là cohabitent paix et unité, justice et progrès.

Quelques orages de fois éclatent mais jamais ne les brisent.

Les armes jamais ne les réduisent au silence.

La douleur de la fraternité attise leur espérance en un horizon nouveau.

Réconcilié du Nord au Sud, de l'Est à l'Ouest. Musulmans et chrétiens, animistes et athées. Pauvres et riches.

Le fou se lève et sort tête baissée.

CHAPITRE 13 : LES BAVES

La scène se déroule à la présidence. Le Conseiller et le commissaire entre tout gais. A l'arrivée du Président, ils se lèvent avec déférence.

Président : alors, je vous écoute.

Conseiller : votre Excellence, je vous informe de l'évolution de la situation. Oh ! Ne vous inquiétez de rien, tout se passe merveilleusement bien !

Président : je vous félicite, chers amis. Quant à dire que tout marche bien, je vous laisse juge. *Nerveux.* En tout cas, ce n'est pas ce que pensent la presse internationale et l'opposition ! Mes contacts m'ont signalé la publication prochaine d'un rapport d'Amnesty International pas du tout reluisant pour mon régime. Et tu oses me dire que tout se passe merveilleusement bien !

Conseiller : votre Excellence, les journaux dénoncent, c'est leur rôle ; l'opposition est là pour s'opposer, c'est encore leur rôle. Nous, nous sommes là pour travailler. Et si ça ne tenait qu'à moi, je les aurais déjà fait condamner pour outrages ou autres diffamations contre le chef suprême de l'État.

Président : passez-moi les détails. Quelle est l'évolution de ce... défoulement populaire ?

Conseiller : voilà, votre Excellence, le cerveau de l'affaire est un certain étudiant en droit, fils d'un agitateur bien connu de nos services.

Président : ah bon ?

Conseiller : un certain monsieur qui, à l'époque de votre dictateur de prédécesseur, honte et malédiction sur lui, s'est proclamé libérateur du peuple et luttait également, tenez-vous bien, pour un changement radical. Ayant fait ses études au pays jusqu'à l'obtention de sa licence en droit, il partit pour la France et revint diplômé en Sciences Politiques, en économie, en sociologie, en criminologie, en magouille et que sais-je encore ? Il nous avait emmerdés un temps, et nous lui avons fracturé les mains et les pieds... bref, nous avons affaire au fils d'un sorbonnard qui tient tout de son malheureux père.

Président : dans ce cas, rendez-lui la pareille et qu'on en finisse.

Conseiller : effectivement, votre Excellence ; c'est pourquoi nous avons ici le Commissaire Central de la Sûreté Nationale. Il sera personnellement chargé pour régler son compte de cet avorton.

Président : *debout.* Ces vermines, dès qu'ils ont un peu de connaissances, ils se croient tout permis et ont tendance à provoquer un remue-ménage parmi le peuple. Et nous alors, nous qui avons souffert tous les calvaires pour ce peuple, qu'est-ce que nous en disons ? *Doigtant le Conseiller et le Commissaire.* Messieurs, vous avez l'obligation devant le peuple de prendre votre responsabilité : vous devez mettre la main sur ces crétins et les éliminer illico !

Commissaire : mais, votre Excellence...

Président : *d'un ton sec.* Il n'y a pas de mais ! Je ne veux rien savoir. Débrouillez-vous. Agissez avec professionnalisme. Et que cela serve de leçon à ces autres docteurs, professeurs, constitutionnalistes, politiques, sociologues à la pelle qui oseraient désormais se poser au travers de mon chemin ! *Il sort d'un pas vif.*

Rires de Conseiller et Commissaire.

Conseiller : monsieur le Commissaire, vous savez ce qui vous reste à faire : arrêtez ces crétins de telles sortes qu'il n'y ait pas de vagues et pertes de vies humaines inutiles. *Rires.*

Commissaire : à vos ordres, monsieur le Conseiller !

Conseiller : très bien, je savais que je pouvais compter sur votre efficacité. Au revoir, cher ami. *Le Conseiller sort tandis que le Commissaire se met au garde à vous.*

On amène le Jeune 2 au Commissaire les mains liées au dos

Policier 1 : mon Commissaire, voici l'autre suspect. Le cerveau même de l'affaire.

Commissaire : homme : tu prétends être défenseur de ce peuple ? Et nous alors qui nous sommes, hein ? Si tu ne renonces pas à ce projet diabolique, tu ne passeras pas la nuit, compris ?

Jeune 2 : *calme.* Je ne suis pas stupide, monsieur le Commissaire. C'est plutôt vous les autorités qui le sont. Sinon, comment comprendre votre attitude face à la misère du peuple ? Vous n'avez pas pitié de nous qui souffrons à cause de votre cupidité; vous nous volez, violentez et affamez.

Policier 2 : tais-toi, chien ! Coup de pied. Tu parles encore et t'es mort.

Jeune 2 : en riant. Après tout je vais mourir mais mon âme vivra.

Commissaire : jeune homme, je te conseille de ne pas défier mes hommes...

Jeune 2 : toujours riant. Peut-être qu'un jour le ciel vous accordera un fils de ma trempe. Un fils qui se laisserait brûler par le soleil de la vérité, de la justice entre tous ; ce soleil rebelle qui le ferait désormais vomir la saveur fade de l'ombre. Oui, monsieur le Commissaire, puissiez-vous avoir ce fils prisonnier de la lumière !

Commissaire : c'en est assez ! Agents !

Policiers : chef !

Commissaire : saisissez-vous de lui. Attachez-le en arbatachar[1] et qu'il en périsse ! Les policiers s'exécutent. Faîtes rapidement sinon les Associations de Défense de Droits de l'Homme ameuteront l'opinion pour le libérer.

Policiers : à vos ordres Chef ! *Ils s'activent* et attache le jeune.

Jeune 2 : merci mon Commissaire. Je vous quitte en réitérant ma prière: n'étouffez pas le soleil comme le mien en vos enfants ni les corrompre par vos idéologies exclusives...

Commissaire : *dédaigneux.* Dépêchez-vous de le sortir, sinon je risque de l'achever ici même ! *Les policiers poussent le jeune vers la sortie.*

Jeune 2 : *criant au Commissaire.* Arrêtez de tuer vos frères pour servir un tyran ! Et vous, agents de l'ordre, les armes que vous avez vous sont données pour protéger le peuple et non pour l'opprimer...

Policiers : tais-toi, bâtard !

Coups et cris du Jeune 2. Sortie, le Commissaire en dernier, pensif.

[1] Technique de torture consistant à attacher les mains et les pieds ensemble sur le dos de la victime.

CHAPITRE 14 : REQUIEM POUR UN SOLEIL QUI SE COUCHE

Deux filles et deux garçons en noir amènent le corps du Jeune 2. Pas de pleur. Ils le déposent et s'agenouillent. Silence puis paroles. Celui qui parle se met debout.

Fille : oh jeune homme ! Nos cœurs sont tristes mais nous ne te pleurons pas. Tu es l'espoir des générations à venir. Désormais, les fruits des seins de la terre seraient éduqués à ta bravoure ! Ils porteront ton noble nom comme celui d'un patriarche.

Fille 2 : oh jeune homme ! Tu as laissé ton cœur parler pour nous. Tu as écouté la voix de l'esprit. Tu as bu à la source fraîche de la bonté; tes pieds ont foulé la terre étincelante des étoiles. Ton étoile a brillé, tu as vu l'aurore de ton peuple se lever et tu l'as suivie. Tu as laissé mourir ton corps d'homme; ton âme a déserté les reins des hommes pour habiter ceux de la terre, ta mère à jamais !

Garçon 1 : oh jeune homme, mon frère ! Tu as été séduit par la puissance du soleil comme l'enfant est séduit par la douceur de la lune. Ses rayons t'ont traversé de part en part : ils t'ont apprivoisé pour que tu les apprivoises pour saisir la grandeur de l'homme. Ton soleil nous éclairera à jamais !

Garçon 2 : oh jeune homme ! Ta jeunesse virile t'a fait proclamer dans l'ombre de la nuit, le respect de la vie. La terre, ta mère à jamais t'accueille pour te rendre à jamais à l'humanité. Désormais, tu nous ouvres la voie ! Désormais ton étoile est notre étoile ; ton soleil, notre soleil. Ils sont un lien entre toi et nous. Nous les montrerons à ceux qui viendront après nous et qui les montreront à leur tour à tous ceux qui viendront après eux. Va, ô Prince de l'Aurore, va en paix. *Silence. Ils enlèvent leur habit noir et se retrouvent en blanc. Lentement, ils se lèvent, avec le Jeune 2 au milieu d'eux volant comme une colombe.*

Fille 2 : on ne pleure pas un bon vivant, on le célèbre ! Car la pourriture ne peut atteindre ses cellules ; et son âme voyage comme le vent dans les feuillages. Voyez, comme il est beau, comme il est grand notre soleil !

Fille 1 : désormais, nous regarderons le ciel joyeux !

Garçon 1 : désormais, tel un héros national, nous chanterons, nous lui composerons des hymnes tissés de lumières et de fêtes !

Garçon 2 : désormais, nous serons debout ! Comme la terre, nous vomirons les mauvaises herbes; nos enfants seront éduqués au respect de l'impérissable richesse : l'autre différent ! *Le jeune 2 marche vers la sortie.*

Fille 2 : allons, frères, sœurs, suivons notre étoile et notre soleil ! Suivons l'étoile du futur. Il part mais il reviendra en les entrailles de la terre et en tout être qui l'accueillera. *Ils sortent joyeux.*

Acclamations des autres. Le metteur en scène exprime sa joie par des cris.

CHAPITRE 15 : LES RELIQUES

Metteur en scène : bravo ! Vous avez enfin réussi ! C'est bien les gars. Vous avez été formidables. Je vous ôte mon chapeau.

Jeune 1 : ouais, c'est bien de nous coiffer la tête, on le mérite.

Jeune 2 : ouais au lieu de nous coiffer la tête, ferais mieux de nous rafraîchir.

Fille : tais-toi donc, espèce d'éponge et laisse-nous causer des trucs sérieux, petit.

Jeune 1 : eh vous deux-là, trêve de guerres. Vous exagérez tout de même !

Fille : attends que je te branche, toi. Il fait chaud. Les systèmes sont assez chauffés comme ça.

Jeune 2 : et toi, tu te plais à te payer ma tête. Moi, je vous avertis hein : dans ce pays, il fait chaud. Il fait trop chaud même. Les choses, les hommes ont chaleur. Et quand ça chauffe, les nerfs sont tendus et ça pète vite la gueule. Donc…

Metteur en scène : bon, ça suffit. Celui qui veut se rafraîchir le fera tout à l'heure.

Jeune 1 : ouais, gagné !

Metteur en scène : mets-la en sourdine un moment, s'il te plaît. Parlons plutôt de la pièce : comment l'appréciez-vous ? On la joue ou non ?

Jeune 2 : excellente question : on se la joue, oui ou non ?

Fille : et que vient faire cette question ici ? Si on ne jouait pas, pourquoi avoir usé tant d'énergie ?

Jeune 1 : mais ce n'est pas tout ce que l'on réalise qui se révèle absolument une meilleure œuvre et donc appréciable, jouable par exemple.

Jeune 2 : souvent, ma petite, les plus beaux tableaux d'un peintre se trouvent dans le grenier. Et c'est plus tard quand sa mémoire tend à s'éclipser que quelques esprits nostalgiques s'égosillent à la reconstituer. Donc, ne pas se la jouer maintenant…

Fille : et pourquoi onc, chers amis ?

Jeune 1 : ne fais pas l'imbécile, petite. Ne vois-tu donc pas que c'est très visible, la pièce. La visibilité, la limpidité ne rimant guère avec l'entre-vague de la démocrature, mon conclusion : on se la joue pas pour ne pas s'attirer d'ennuis.

Jeune 2 : ouais, très visible et trop réaliste. Mis à part que cela risquerait de nous créer des ennuis, ça m'étonnerait de trouver ici une salle qui accepterait de l'accueillir…

Fille : es-tu prêt à parier là-dessus ?

Jeune 2 : ouais, ma petite. Crois-moi, on ne se la joue pas

Fille : et qu'en pense le Metteur en scène ?

Metteur en scène : de mon humble avis, c'est jouable. Mais tout dépend de vous : êtes-vous prêts à la jouer, oui ou non ?

Jeune 1 : non, trop risquer. Et puis, je suis encore jeune moi, c'est la vie devant moi. Ne pas se jouer maintenant… est signe de sagesse, je vous le jure.

Jeune 2 : ouais, m'est avis que c'est risquer. Trop risquer. Donc, on ne se la joue pas.

Fille : arrêtez vos chansons : « on se la joue pas ! On ne se la joue pas ! »Basta ! Allez-vous faire f…

Metteur en scène : oh ! Oh ! Pas de passion, je vous prie. On se calme. Allons-nous rafraîchir. Lorsque nous aurons les nerfs apaisés, nous pourrions lucidement répondre à cette question

Jeune 1 : ouais, mais on se la joue pas. Un point et on en parle plus (*riant*).

Fille : on va se jouer et sans plus.

Jeune 2 : on ne se jouera jamais. C'est une pièce morte. Comme toutes les bonnes intentions sous les méandres de la démocrature (*rires et jeux divers).*

Sortie du fou. Le fou monte seul sur scène et déclame.

Le fou : Terre armée aride. Soleil étranglé rougi. Marée insipide stérile. Baumé pimenté matinal. Je crie, je chante. Silence mon écho solitaire ! Les yeux rouges en sang. Mugissements prolongés : "Y en a marre ! Y en a marre !"

Tous les acteurs rejoignent le fou et disent ensemble les derniers vers.

Tous : Régression des esprits. Hybrides, ignorants, rabougris, alcooliques, ventocrates, vendus, mouricratie des intellectuels. Désert humain corrompu. Traces des pays douloureux balayées par le trublion rebelle ennemi. Frayeur de sang. Peuple terrorisé. Noirceur de la nuit. O Tchad ! Marionnette trahie !

Les acteurs saluent le public et descendent

Fin

Printed by Books on Demand GmbH, Norderstedt / Germany